GUIDE DE

L'IMPOT

sur le

Chiffre des Affaires

TEXTE OFFICIEL & COMPLET

de la Loi du 25 Juin 1920

et du Règlement d'Administration publique

(Décret du 24 juillet 1920)

suivi d'un Commentaire clair et pratique

PARIS
Étienne **CHIRON**, Éditeur
40, Rue de Seine
—
1920

Prix : 1.50

L'IMPOT
sur le
CHIFFRE DES AFFAIRES

Première Partie

TEXTES OFFICIELS

I

Loi du 25 juin 1920, portant création de nouvelles ressources fiscales (Extraits)

Art. 57. — A partir de la promulgation de la présente loi, seront soumis à une taxe de 10 p. 100 les payements des prix de ventes intervenues entre non-commerçants, sous quelque forme et dans quelque condition que ce soit, et s'appliquant à des marchandises, denrées, fournitures ou objets qui seront désignés comme étant de luxe par les décrets prévus à l'article 64 de la présente loi.

La perception suivra les sommes de franc en franc inclusivement et sans fraction. La taxe sera acquittée par l'apposition de timbres mobiles sur la quittance du prix dont la délivrance est obligatoire, quel que soit le montant du prix. Ces timbres seront immédiatement oblitérés par l'apposition, à l'encre noire, en travers du timbre, de la signature de celui qui donne quittance, décharge ou reçu ainsi que la date de l'oblitération. La signature peut être remplacée par une griffe apposée à l'encre grasse faisant connaître le nom ou la raison sociale de celui qui a donné quittance, décharge ou reçu, sa résidence et la date de l'oblitération.

Toute personne qui aura participé à une vente, soit comme acquéreur, soit comme vendeur, sans qu'une quittance du prix ait été délivrée et que la taxe de 10 p. 100 ait été acquittée, sera punie personnellement d'une amende égale au triple de la taxe qui n'aura pas été payée, sans que cette amende puisse être inférieure à 100 francs, sans décimes. Toutes les parties seront solidaires pour le payement des droits simples. Le droit de timbre des quittances ne sera pas applicable aux écrits constatant des payements soumis à la taxe de 10 p. 100.

Art. 58. — Lorsqu'une vente de marchandises, denrées, fournitures ou objets classés comme étant de luxe et appartenant à un non-commerçant sera effectuée par un officier public ou ministériel ou constatée par un acte authentique ou sous signatures privées, la taxe de 10 p. 100 édictée par l'article qui précède sera perçue sur le procès-verbal ou l'acte constatant la vente aux lieu et place du droit d'enregistrement.

Art. 59. — A partir du premier jour du mois qui suivra la promulgation de la présente loi, il est institué un impôt sur le chiffre des affaires faites en France par les personnes qui, habituellement ou occasionnellement, achètent pour revendre, ou accomplissent des actes relevant des professions assujetties à l'impôt sur les bénéfices industriels et commerciaux institué par le titre 1er de la loi du 31 juillet 1917, ainsi que par les exploitants d'entreprises assujetties à la redevance proportionnelle prévue par l'article 33 de la loi du 21 avril 1810.

Art. 60. — Sont exemptes de la taxe prévue à l'article précédent :

1° Les affaires consistant dans la vente du pain ;

2° Les affaires ayant pour objet la vente des produits monopolisés par l'Etat, ainsi que des timbres et papiers timbrés débités par l'Etat ;

3° Les affaires effectuées par les exploitants de services publics concédés tenus d'appliquer des tarifs fixés ou homologués par l'autorité publique et soumises à ces tarifs ;

4° Les affaires effectuées par les agents de change, les courtiers maritimes, les courtiers d'assurances maritimes et autres personnes ou sociétés, mais exclusivement lorsqu'elles donnent lieu à des commissions ou courtages fixés par des lois ou des décrets ;

5° Les affaires assujetties à l'impôt sur les opérations de bourse des valeurs, édicté par l'article 28 de la loi du 28 avril 1893 ;

6° Les affaires assujetties à l'impôt sur les opérations de bourse de commerce, édicté par les articles 11 de la loi du 13 juillet 1911 et 9 de la loi du 27 février 1912, à l'exclusion de celles qui déterminent l'arrêt de la filière.

Si une affaire comprise dans une filière a été effectuée par une personne non assujettie au répertoire prescrit par les dispositions ci-dessus rappelées, l'impôt sur le chiffre d'affaires applicable à cette opération est réduit, s'il y a lieu, à une somme égale à l'impôt sur les opérations de bourse de commerce ;

7° Les affaires effectuées par les fabricants ou importateurs et portant sur des produits pharmaceutiques et assimilés sur lesquels est perçu l'impôt de 10 p. 100 institué par l'article 16 de la loi du 30 décembre 1916 ;

8° Les affaires effectuées par les sociétés de capitalisation et assujetties à l'impôt établi par l'article 38 de la présente loi ;

9° Les affaires effectuées par les sociétés ou compagnies d'assurances et tous autres assureurs, quelle que soit la nature des risques assurés, et qui sont soumises aux taxes de timbre et d'enregistrement édictées par les articles 6 de la loi du 23 août 1871, 8 de la loi du 29 décembre 1884, 16 de la loi du 13 avril 1898, 16, 17, 18, 20 et 21 de la loi du 29 juin 1918, 2 de la loi du 14 juin 1919 et 39 de la présente loi ;

10° Les affaires effectuées par les entrepreneurs de spectacles et autres attractions et divertissements assimilés et soumises à la taxe instituée par l'article 13 de la loi du 31 décembre 1916 et modifiée par les articles 92 et suivante de la présente loi ;

11° Les affaires effectuées par les entrepreneurs de voitures publiques de terre et d'eau ou les loueurs de voitures partant d'occasion ou à volonté et soumises aux taxes édictées par les articles 115 et suivants de la loi du 25 mars 1817, 8 de la loi du 28 juin 1833, 1er, 2 et 3 de la loi du 11 juillet 1879, 98 et suivants de la présente loi.

Art. 61. — Toute personne redevable de l'impôt établi par l'article 59 de la présente loi et qui n'est pas inscrite au rôle de l'impôt sur les bénéfices industriels et commerciaux doit, dans le mois de la promulgation de la présente loi ou dans les quinze jours du commencement de ses opérations ou de l'ouverture de son établissement industriel ou commercial, souscrire au bureau qui sera désigné par le règlement d'administration publique prévu par l'article 67 ci-après, une déclaration dont la forme et le contenu seront déterminés par le même décret.

Art. 62. — Pour la liquidation de l'impôt institué par l'article 59, le chiffre d'affaires est constitué :

1° Pour les personnes vendant des marchandises, denrées, fournitures ou objets quelconques, par le montant des ventes effectivement et définitivement réalisées ;

2° Pour les personnes faisant acte d'intermédiaires, mandataires, fa-çonniers, loueurs de choses, entrepreneurs ou loueurs de services, banquiers, escompteurs, changeurs, par le montant des courtages, commissions, remises, salaires, prix de location, intérêts, escomptes, agios et autres profits définitivement acquis.

Lorsqu'une personne effectue des opérations rentrant les unes dans la première catégorie et les autres dans la seconde catégorie, son chiffre d'affaires est déterminé en appliquant à chacune des opérations les définitions ci-dessus.

Si l'impôt a été perçu à l'occasion de ventes ou de services qui sont par la suite résiliés, annulés ou qui restent impayés, il sera imputé, de la manière fixée au règlement d'administration publique prévu à l'article 67, sur l'impôt dû pour les affaires faites ultérieurement; il sera restitué si la personne qui l'a acquitté a cessé d'y être assujettie.

Art. 63. — Le taux de l'impôt est fixé à un pour cent (1 %), avec un décime au profit des départements et des communes, du chiffre d'affaires, tel qu'il est défini à l'article qui précède.

Toutefois, il est porté, savoir :

1° A trois pour cent (3 %), sans décimes, pour les affaires afférentes au logement et à la consommation sur place de boissons et denrées alimentaires quelconques effectuées dans des établissements classés comme étant de seconde catégorie ;

2° A dix pour cent (10 %), sans décimes, pour les dépenses afférentes au logement et à la consommation sur place de boissons et denrées alimentaires quelconques effectuées dans des établissements classés comme étant de première catégorie ;

3° A dix pour cent (10 %), sans décimes, pour les ventes au détail ou à la consommation des marchandises, denrées, fournitures ou objets quelconques classés comme étant de luxe.

Les sommes perçues pour les communes et les départements seront réparties selon des règles fixes établies par loi de finances de 1921, à raison de deux tiers pour les communes et d'un tiers pour les départements.

Art. 64. — Le Gouvernement est autorisé à effectuer par décrets le classement des marchandises, denrées, fournitures ou objets quelconques de luxe, ainsi que la modification du classement opéré. Ces décrets seront soumis à la ratification législative, immédiatement si les Chambres sont réunies, sinon, dès l'ouverture de leur plus prochaine sesion ; ils resteront applicables jusqu'à la mise en vigueur de la loi statuant sur leur ratification.

Le classement des établissements de première et de seconde catégorie sera effectué dans chaque département par une commission siégeant au chef-lieu et composée : du directeur de l'enregistrement, du directeur des contributions directes et du cadastre, du directeur des contributions indirectes, de deux représentants du commerce intéressé désignés par les chambres de commerce ou, à défaut, par le ministre du commerce et d'un membre délégué par les grandes associations de tourisme ou les syndicats d'initiative ou désigné, à défaut, par le plus ancien en grade des chefs de service ci-dessus énumérés. En cas de partage des voix, celle du président sera **prépondérante.**

Les décisions des commissions départementales seront notifiées au chef de l'établissement intéressé par lettre recommandée avec accusé de réception.

Dans le délai d'un mois à compter de cette notification, appel peut être interjeté, soit par le chef de l'établissement, soit par le directeur des contributions indirectes. Cet appel est porté devant une commission supérieure composée de :

Un délégué du ministre du commerce ;

Deux délégués du ministre des finances ;

Deux membres des chambres syndicales des commerces intéressés ;

Trois membres désignés par la réunion des présidents de chambres de commerce ou, à défaut, par le ministre du commerce.

Le président de la commission sera désigné par arrêté du ministre des finances et aura voix prépondérante en cas de partage.

La commission supérieure statue sur mémoire. Ses décisions ne peuvent être attaquées que pour excès de pouvoir ou violation de la loi devant le Conseil d'Etat; mais l'intéressé et le directeur des contributions indirectes peuvent, après une année révolue, réclamer de la commission un nouvel examen et ainsi d'année en année.

L'appel ne suspendra pas l'exécution des décisions des commissions départementales.

Un décret déterminera les conditions de fonctionnement des commissions départementales et de la commission supérieure.

Seuls les établissements classés dans la première catégorie pourront prendre dans les enseignes, réclames, annonces, guides ou autres publications la qualification d'établissement de luxe. Au cas d'infraction, l'établissement pourra être immédiatement classé dans la première catégorie.

Le classement des établissements prévus par le présent article devra être effectué dans les deux mois à compter de la promulgation de la présente loi, jusqu'à ce qu'il ait été opéré, les dépenses effectuées dans les établissements classés comme établissements de luxe par application de l'article 28 de la loi du 31 décembre 1917 seront soumises à l'impôt de 10 p. 100 et celles effectuées dans tous les autres établissements à l'impôt de 1 p. 100.

Art. 65. — L'impôt de 1, de 3 ou de 10 % est acquitté par les personnes désignées à l'article 59.

Sa perception suit les sommes de un franc en un franc inclusivement et sans fraction.

Toutefois, pour tous les marchés ou contrats conclus avant la mise en vigueur de la présente loi et portant sur la livraison au détail ou à la consommation de marchandises, denrées, fournitures ou objets classés comme étant de luxe, l'impôt de 10 p. 100 sera à la charge de l'acheteur ou consommateur, aux lieu et place de la taxe de même quotité qui aurait été à sa charge en vertu de l'article 27 de la loi du 31 décembre 1917.

Art. 66. — Toute personne redevable de l'impôt sur le chiffre des affaires devra, si elle ne tient pas habituellement une comptabilité permettant de déterminer son chiffre d'affaires tel qu'il est défini à l'article 62 ci-dessus, avoir un livre aux pages numérotées, sur lequel elle inscrira jour par jour, sans blanc ni rature :

a) Si elle vend des marchandises, denrées, fournitures ou objets, chacune des ventes qu'elle a effectuées ;

b) Si elle vend des services, chacun des courtages, commissions, remises, salaires, prix de location, intérêts, escomptes, agios et autres profits constituant la rémunération de ces services.

Chaque inscription doit indiquer la date, la désignation sommaire des objets vendus ou du service rendu, ainsi que le prix de la vente ou le montant des courtages, commissions, remises, salaires, prix de location, intérêts, escomptes, agios ou autres profits. Toutefois, les opérations au comptant pour des valeurs inférieures à 100 francs et ne s'appliquant pas à des objets classés comme étant de luxe pourront être inscrites globalement à la fin de chaque journée.

Lorsque la vente aura été conclue avec un autre commerçant et que le prix dépassera 500 francs, le livre portera, en outre, le nom et l'adresse de ce commerçant.

Le montant des opérations inscrites sur le livre sera totalisé à la fin
de chaque mois.

Le livre prescrit par le premier alinéa du présent article ou la comptabilité en tenant lieu, ainsi que les pièces justificatives des opérations
effectuées par les redevables, notamment les factures d'achats, devront
être conservés pendant un délai de trois ans à compter du 1er janvier de
l'année durant laquelle le livre a été commencé ou durant laquelle les
pièces ont été établies.

Art. 67. — Les personnes visées à l'article précédent sont tenues :

1° De fournir aux agents des contributions directes, ainsi qu'à ceux
des autres services financiers qui seront désignés par un règlement d'administration publique pour chaque catégorie de commerçants, tant au
principal établissement que dans les succursales et agences, toutes justifications nécessaires à la fixation du chiffre d'affaires ;

2° De remettre chaque mois, de la manière et dans le délai qui seront
fixés par le règlement d'administration publique prévu au premier alinéa
du présent article, un relevé qui indiquera le montant total du chiffre
de leurs affaires pendant le mois précédent et distinctement, s'il y a lieu,
les fractions de ce chiffre passibles de la taxe de 10 p. 100, ainsi que d'acquitter le montant des taxes exigibles d'après ce relevé dans les conditions
qui seront arrêtées par le même règlement.

Ce règlement pourra déterminer les conditions auxquelles l'administration aura la faculté de dispenser les redevables de certaines des obligations édictées par l'article 66 et de celles édictés sous le numéro 2°
ci-dessus, moyennant le versement d'un forfait annuel, ou de modifier
exceptionnellement le délai de déclaration et de payement fixé audit
numéro.

Par exception, le premier des relevés prescrits ci-dessus ne sera
envoyé et le premier versement de l'impôt ne sera effectué que le troisième mois qui suivra celui de la promulgation de la présente loi. Ce premier relevé comprendra, avec le chiffre de chaque mois, le montant total
du chiffre d'affaires depuis la mise en vigueur de la loi jusqu'à la fin du
mois précédant son envoi.

Art. 68. — Toute contravention aux dispositions des articles 59 à 67
sera punie :

1° Si elle n'a privé le Trésor d'aucune fraction de l'impôt à la charge
du contrevenant, d'une amende fiscale de 1.000 francs, sans décimes ;

2° Si elle a entraîné le défaut de payement dans le délai légal de la
totalité ou d'une partie de l'impôt, d'une amende fiscale égale, pour chaque mois ou fraction de mois en retard, au montant de l'impôt non payé
dans le délai légal, avec un minimum de 1.000 francs sans décimes.

Au cas où un contrevenant, ayant encouru depuis moins de trois ans
une des amendes fiscales ci-dessus édictées, aura commis intentionnellement une nouvelle infraction, il pourra être traduit devant le tribunal
correctionnel à la requête de l'administration compétente et puni d'un
emprisonnement de huit jours à trois mois. Le tribunal correctionnel
pourra ordonner à la demande de l'administration, que le jugement
sera publié intégralement ou par extraits dans les journaux qu'il désignera et affiché dans les lieux qu'il indiquera, le tout aux frais du condamné. Toutes les dispositions de l'article 7 de la loi du 1er août 1905
seront applicables dans ce cas.

L'article 463 du code pénal sera applicable, même en cas de récidive,
aux délits prévus par le présent article.

Art. 69. — Tout refus par un redevable des communications prescrites
par les articles 66 et 67 de la présente loi sera constaté par un procès-verbal et puni d'une amende de 500 à 5.000 francs, sans décimes.

Indépendamment de cette amende, le redevable devra, en cas d'instance, être condamné à représenter les pièces et documents non communiqués sous une astreinte de 100 francs au minimum par chaque jour de retard.

Cette astreinte, non soumise aux décimes, commencera à courir de la date de la signature par la partie ou de la notification du procès-verbal qui sera dressé pour constater le refus d'exécuter le jugement régulièrement signifié ; elle ne cessera que du jour où il sera constaté, au moyen d'une mention inscrite par un agent de contrôle sur les livres du redevable, que l'administration a été mise à même d'obtenir la communication.

Art. 70. — Les infractions aux prescriptions de la présente loi relatives à l'impôt sur le chiffre des affaires peuvent être établies par tous les modes de preuve de droit commun ou constatées au moyen de procès-verbaux dressés par les officiers de police judiciaire et par les agents de l'enregistrement, des contributions directes, des contributions indirectes, des douanes et de la répression des fraudes.

Un dixième des amendes recouvrées sera versé à un fonds commun qui sera réparti au personnel chargé de l'application de l'impôt sur le chiffre d'affaires.

L'action de l'administration se prescrit par trois ans à compter de l'infraction.

Les poursuites contre les redevables auront lieu par voie de contraintes décernées par les agents des services financiers qui seront désignés par le règlement d'administration publique prévu par l'article 67 de la présente loi. Les contraintes seront visées par le juge de paix de l'endroit où l'impôt devra être acquitté et signifiées aux redevables. L'exécution des contraintes ne pourra être interrompue que par une opposition formée par le redevable et motivée avec assignation devant le conseil de préfecture.

Sous la réserve spéciale à l'alinéa qui précède, les instances sont introduites, instruites et jugées par les conseils de préfecture, sauf appel devant le conseil d'Etat suivant les formes fixées par la loi du 22 juillet 1889.

L'action en restitution des redevables se prescrit par deux ans à compter du paiement.

Art. 71. — Lorsqu'une vente publique comprendra des marchandises, denrées, fournitures ou objets quelconques appartenant à une personne redevable de l'impôt sur le chiffre d'affaires et classés comme étant de luxe conformément à l'article 64 de la présente loi, la taxe de 10 p. 100 sera perçue, lors de l'enregistrement du procès-verbal de la vente, sur le prix desdits objets, aux lieu et place du droit d'enregistrement exigible sur ce prix.

Art. 72. — Les importations d'objets ou de marchandises sont soumises, quel que soit l'importateur, à l'impôt de 1 p. 100 qui sera liquidé sur la valeur desdits objets ou marchandises, droits de douane et de consommation ou de circulation compris, ou s'il s'agit de marchandises, denrées, fournitures ou objets destinés à un non-commerçant et classés comme étant de luxe, à l'impôt de 10 p. 100 édicté par l'article 63 de la présente loi. Dans ce cas, l'impôt sera perçu, les contraventions seront punies, les poursuites seront effectuées et les instances instruites et jugées comme en matière de douane et par les tribunaux compétents en cette matière.

Lorsqu'une personne résidant hors de France a acheté en France des marchandises et objets qu'elle donne l'ordre de livrer en France à un tiers auquel elle les a revendues, la livraison opérée en vertu de cet ordre sera assimilée à une importation et le vendeur qui l'effectuera sera, en conséquence, tenu d'acquitter, indépendamment de l'impôt applicable à l'affaire réalisée avec ladite personne, un second impôt de 1 ou de 10 p. 100 selon la qualité du tiers qui a reçu la livraison et la nature des marchandises ou objets livrés.

Sont exemptes de l'impôt de 1 ou de 10 p. 100 les affaires s'appliquant à des opérations de vente, de commission ou de courtage qui portent sur des objets ou marchandises exportés, sous réserve, en ce qui concerne les affaires passibles de l'impôt de 10 p. 100, des exceptions qui seront déterminées par les décrets prévus à l'article 64 de la présente loi.

Les mesures nécessaires pour l'exécution des dispositions du présent article, notamment la définition de la matière imposable, seront réglées par des arrêtés ministériels.

Art. 73. — Les articles 23 à 28 de la loi du 31 décembre 1917 sont abrogés à partir de la mise en vigueur de la présente loi, sous réserve des dispositions ci-après :

La taxe établie par l'article 27 de la loi du 31 décembre 1917 continuera, en ce qui concerne les eaux-de-vie, liqueurs, apéritifs et vins de liqueur, ainsi que les vins fins qui seront classés comme étant de luxe par les décrets prévus à l'article 64 ci-dessus, à être perçue dans les conditions fixées par les articles 24 de la loi du 29 juin 1918 et de la loi du 31 décembre 1918. Toutefois, le taux de la taxe est porté à 25 p. 100 en ce qui concerne les eaux-de-vie, liqueurs, apéritifs et vins de liqueur et à 15 p. 100 en ce qui concerne les vins classés comme étant de luxe.

Ces ventes n'entreront pas dans le chiffre des affaires soumises à l'impôt institué par l'article 59 de la présente loi, mais uniquement en ce qui concerne le commerçant tenu d'acquitter la taxe de 25 ou de 15 p. 100.

Art. 74. — La constatation et la perception des taxes de 25 % sur les spiritueux et vins de liqueur et de 15 p. 100 sur les vins fins sont assurées par l'administration des contributions indirectes.

Cette perception est effectuée soit au comptant au moment de la déclaration d'enlèvement des boissons faite à la recette buraliste pour la délivrance de l'expédition, sur déclaration, par l'expéditeur, de la valeur des boissons imposées, soit mensuellement si le commerçant a été autorisé à être en compte avec le Trésor.

Dans ce dernier cas, le commerçant est tenu : 1° de fournir une caution spéciale ; 2° d'inscrire ses ventes, rendus et échanges sur un livre dont le modèle est agréé par le directeur départemental et qui doit être représenté à toute réquisition ; 3° de remettre au service, dans les dix premiers jours de chaque mois, un extrait certifié de ce livre, concernant les opérations du mois précédent.

Les commerçants en spiritueux, vins de liqueur ou vins fins sont également tenus de représenter à toute réquisition du service des contributions indirectes leurs livres, registres, pièces de recettes, de dépenses et de comptabilité.

Art 75. — Les taxes de 25 % et de 15 % sont perçues sur toutes les importations de spiritueux, vins de liqueur et vins fins à destination des débitants et des consommateurs. La perception en sera opérée à la recette buraliste en même temps que celle du droit de consommation ou de circulation lors de la déclaration effectuée par l'importateur pour la délivrance du titre de mouvement. Cette déclaration, faite par écrit, devra mentionner la valeur de la marchandise sur le marché intérieur, et la taxe sera perçue d'après cette valeur, droits de douane et de consommation (ou de circulation) compris.

Art. 76. — Les contraventions aux dispositions des articles 74 et 75 sont constatées, à la requête de l'administration des contributions indirectes, dans la forme ordinaire, par les employés des contributions indirectes ou des douanes.

Elles seront punies d'une amende de 50 à 500 francs, du quintuple des droits fraudés ou compromis, ainsi que de la confiscation des boissons qui seront saisies.

II

Décret du 26 juin 1920 classant les objets de luxe

Article premier. — Sont classés comme étant de luxe, les marchandises, denrées, fournitures ou objets quelconques énumérés aux tableaux A et B annexés au présent décret.

Art. 2. — Sont exclus de l'exonération prévue à l'article 72 de la loi susvisée les objets de luxe inscrits au tableau C annexé au présent décret.

Art. 3. — Les dispositions du présent décret sont applicables à partir du 1ᵉʳ juillet 1920.

Art. 4. — Le ministre des Finances est chargé de l'exécution du présent décret, qui sera immédiatement soumis à la ratification législative.

TABLEAU A

Objets classés comme étant de luxe en raison de leur nature :

Automobiles, neuves ou d'occasion, servant au transport des personnes, leurs châssis, leurs carrosseries, garnitures et accessoires, à l'exception des pièces détachées exclusivement destinées aux réparations.

Bijouterie d'or, d'argent, de platine et bijouterie d'imitation en toutes matières.

Billards et accessoires.

Bonneterie et lingerie de soie pure ou mélangée, lingerie en batiste de fil ou de lin.

Chevaux, poneys, mules et mulets de luxe.

(Les éleveurs n'ont pas à supporter la taxe de 10 %.)

Chiens et autres animaux de luxe.

Curiosité, antiquités, tous objets de collection.

Eaux-de-vie, liqueurs, apéritifs et vins de liqueurs.

Fusils de chasse articles de chasse ou d'armurerie.

Gibier vivant pour chasse ou repeuplement.

Harnachements pour chevaux de selle.

Joaillerie fine.

Librairie : éditions d'art sur papiers spéciaux à tirage limité.

Livrées, uniformes des gens de service des établissements privés.

Montres en or ou en platine.

Objets en écaille ou en ivoire.

Orfèvrerie d'or, d'argent ou de platine, y compris les médailles, jetons et plaquettes.

Parfumerie : extraits, essences, parfums, pâtes d'amande, crèmes de beauté, poudre de riz, fards, sachets et poudres à sachets, teintures : tous articles, à l'exclusion des savons et dentifrices.

Peintures, aquarelles, pastels, dessins, sculpture originale.

(Sont exemptes de la taxe de 10 % les œuvres originales de cette catégorie vendues directement par l'auteur.)

Perles fines.

Pianos autres que les pianos droits, phonographes, gramophones, pianos mécaniques, et leurs accessoires.

Pierres précieuses, gemmes naturelles.

Reliures d'art.

Tapisseries anciennes ou modernes, en laine ou en soie, tissées au métier ou à la main, tapis d'Orient, tapis de la Savonnerie.

Truffes, volailles et gibier truffés, pâtés truffés.

Verrerie d'art, vitraux en tous genres, faïences et porcelaines d'art.

Vêtements de vénerie, amazones.

Canots et bateaux de plaisance à propulsion mécanique, yachts.

TABLEAU B

Objets classés comme étant de luxe, lors que le prix de vente excède le prix porté ci-dessous :

La pièce

Abat-jour :
en porcelaine ou en verre   40 fr.
en toute autre matière....   20

Appareils de photographie, objectifs, à l'exclusion des appareils et objets servant à la radiographie et au service médical 150

Articles de Paris, tous bibelots de fantaisie d'origine française ou étrangère, en tous genres et en toutes matières, sauf ceux compris au tableau A ... 20

Articles de fantaisie pour bureau.............. 10

Articles de fumeurs.... 12

Articles de piété........ 30

Brosserie, peignes et autres objets de toilette.. 25

Cadres 50

Cannes, cravaches 15

(Sont exemptes de la taxe de 10 p. 100 les cannes nécessaires aux infirmes et aux mutilés.)

Céramique :

a) Service de table, 12 couverts, 74 pièces....... 400

Service à dessert, 12 couverts, 42 pièces....... 200

Pièces isolées : assiette. 4

Petites pièces : moutardier, ravier, salière, porte-couteau, etc............. 6

Pièces moyennes : saucière, plat, compotier, jatte, sucrier, assiette à pied 12

Grosses pièces : soupière, légumier, saladier. 30

b) Service de toilette complet 100

Pièces isolées.......... 30

c) Service à thé ou à café 50

Petite pièce isolée...... 6

Grosse pièce 12

Chapellerie pour hommes 60

Chapeaux de femmes.. 80

Chaussures :

Enfants 75

Hommes et femmes.... 100

Chocolats, cacaos :

Chocolats sous toutes formes, tablette, poudre, etc., etc., cacao mélangé de sucre, le kilogr....... 12

Cacaos purs, sous toutes formes, le kilogr........ 13

Colliers et laisses de chien 15

Confiserie, le kilogr.... 12

Corsets, ceintures, soutiens-gorge :

Corsets 80

Ceintures, soutiens-gorge 50

Costume :

a) Costumes complets ou pardessus :

d'enfants 200

de garçonnets.......... 300

d'hommes (habit, redingote, jaquette).......... 600

b) Complet veston pour hommes 500

c) Pièces séparées :

Gilet 50

Pantalon 150

Habit, smoking redingote, jaquette............ 400

Veston 300

d) Costumes de femmes :

Fillettes 300

Dames 600

e) Manteaux de femmes :

Fillettes 300

Dames 600

f) Pièces détachées :

Jupes 250

Corsages 175

g) Vêtements d'intérieur :

Pour dames, peignoirs et robes de chambre 125

Pyjamas 50

Pour hommes, robes de de chambre 250

Pyjamas 50

h) Accessoires de vêtements pour hommes, femmes ou enfants :

Cravates, bretelles, foulards et tous autres articles 20

i) Bonneterie de laine, lingerie de corps pour hommes, femmes ou enfants 60

Tout article de bonneterie ayant un caractère de vêtement est classé dans la catégorie des vêtements, costumes ou manteau pour hommes, femmes ou enfants......

Coutellerie, c i s e a u x, tous articles d'une taille inférieure à 25 centimètres 25

Couvertures, c o u v re-pieds, édredons 275

Dentelles, broderies, guipures :

Au mètre, à la mécanique 10
Au mètre, à la main... 25
A la pièce, à la mécanique 20
À la pièce, à la main.. 50
Eventails 10
Fleurs naturelles, artificielles ou stérilisées, plantes de serres ou d'appartement, l'achat 10
Fourrures 250
Ganterie : la paire..... 20
Garnitures de foyer... 150
Gravures, e s t a mp es, photographies d'art, reproductions d'œuvres d'art par la photographie. 100
Guêtres, jambières, la paire 45
Instruments de jeu et de sport 60
Instruments de pêche, à l'exclusion des filets de pêche servant à l'exercice de la profession de pêcheur 15
Instruments de musique autres que ceux portés au tableau A........ 400
Jouets 30
Jumelles, l o r g n ettes, face à main, stéréoscopes 30
Lampes appliques 100

Linge de maison :

Le drap 200
La taie 30
La nappe, le mètre carré 45
Serviette de table ou de toilette 12
Tous autres articles.... 12

L u s t r e s, suspensions, plafonniers :

Lustres et suspensions. 200
Plafonniers 150
Malles 150
Maroquinerie, gainerie, l'article 20

Meubles :

Chambre à coucher :

1 armoire 1.500
1 lit 1.200
1 table de nuit........ 300
                        ———
                        3.000

Salle à manger :

1 buffet 1.500
1 table 600
6 chaises à 150 fr...... 900
                        ———
                        3.000

Salon :

1 canapé 1.200
2 fauteuils à 600 fr..... 1.200
2 chaises à 300 fr...... 600
                        ———
                        3.000

Cabinet de travail :

1 bibliothèque 1.500
1 bureau 1.100
1 fauteuil 400
                        ———
                        3.000

Meubles autres que ceux ci-dessus désignés, qui sont généralement vendus à la pièce :
Grandes pièces 1.500
Moyennes pièces 600
Petites pièces 300
Pièces détachées de moindre importance..... 150
Doivent être compris dans les grandes pièces, notamment :
Armoire d'antichambre.
Grand canapé ou divan.
Armoire de cabinet de toilette ou armoire de garde-robe.
Cartonnier double.
Commode de chambre à coucher.
Commode de salon.
Bibliothèque de fantaisie ou de salon.
Vitrine de salon à plusieurs portes.
Meuble crédence ou vaisselier.
Argentier.
Doivent être compris dans les pièces moyennes, notamment :
Porte chapeaux.
Banquette.
Table.
Fauteuil.
Cartonnier simple.
Console.
Chevalet de salon.
Chiffonnier.

Vitrine de salon à une porte.
Paravent.
Dressoir.
Etagère à découper, pannetière.
Gaîne.
Servante automatique.
Boîte à horloge.
Toilette-lavabo à effet d'eau.
Toilette-commode.
Toilette duchesse.
Chaise longue en une ou plusieurs parties.
Bureau de dame.
Caqueteuse.
Doivent être compris dans les petites pièces, notamment :
Chaise garnie ou chauffeuse.
Ecran
Banquette de salon, sans dossier.
Tabouret ou banquette de piano.
Casier à musique.
Table à thé.
Table gigogne.
Table à ouvrage.
Guéridon.
Colonne.
Sellette d'artiste.
Jardinière.
Liseuse.
Prie-Dieu.
Tabouret pouff.
Servante mobile de salle à manger.
Table de nuit ou verre d'eau.
Vide-poches.
Table à jeu.
Coiffeuse ou poudreuse.
Canapé en rotin ou osier.
Berceau ou lit d'enfant.
Doivent être compris, notamment dans les pièces détachées de moindre importance :
Chaise cannée ou paillée.
Fauteuil et chaise rotin ou osier.
Tabouret de pied ou pouff de pied.
Métier à broder.
Bibus.
Etagère à suspendre.
Fauteuil de table fixe ou pliant.
Escabeau.

Miroiterie :
Miroirs .... 50 fr.
Glaces encadrées 200
Motocyclettes, cyclecars et similaires 2.000
Sidecar isolé 1.000
Montres autres que celles portées au tableau A 200
Mouchoirs à la douzaine 48

Orfèvrerie en métal commun, doré, argenté ou non, à l'exclusion des couverts de table, la pièce.. 20
Papiers de tenture, le rouleau de 8 mètres..... 30
Parapluies, parasols, ombrelles 80

Parfumerie : objets autres que ceux portés au Tableau A :

Savons, poudres, pâtes dentifrices, sous toutes formes, l'article 3
Dentifrices, le litre.... 35
Alcools de toilette, le litre 20
Parures en plume, boas collets, etc 50
Pelleteries, la pièce.... 100
Pendules, cartels, horloges 500
Pianos droits, orgues et harmoniums 3.000
Plumes de parure...... 10 »

Reliure, par volume :

In-8° et formats plus petits 20
In-folio et in-4°........ 40
Réveille-matin, pendule de voyage, pendulette de bureau 50

Rideaux, encadrements de lits, porte-fenêtres :

Par rideau ou encadrement 200
Portière double 200
Portière simple .... 100 »
Décoration de lit....... 100
Rideaux de vitrage, brise-bise, la paire...... 50
Rubans, passementerie, le mètre ou le motif..... 10
Sacs de dames, en toutes matières 50

Sellerie :

Harnais complet à l'usage des voitures pour le service particulier. .. 1.500
Pièces isolées 300
(Sont exempts de la taxe de 10 % les articles de bourrellerie.)
Stores de fenêtre ou de vitrage 100

Stylographes	40
Sujets en bronze d'imitation	20
Tapis :	
Carpettes	250
Descentes de lit ou foyer	100
Tapis cloué, le mètre (1^m × 0^{m}70)	30
Tapis cloué (largeur supérieure)	40
Tapis de table..........	100
Dessus de lit...........	150
Tentures murales, de toutes natures, le mètre carré	5
Tissus en toutes matières pour vêtement ou ameublement, le mètre carré	50
Valises, sacs de voyage trousses garnies	100
Verrerie et cristallerie :	
Grand verre	6
Petit verre	3
Pièces de toilette ou de bureau	25
Grosse pièce	25
Service de table, 52 pièces	300

Les services à madère, bière, liqueurs et autres sont taxés, d'après leur composition, suivant les prix unitaires.

Timbres-poste pour collections, l'achat	5
Vins :	
En fût, par litre	3

(Les fûts facturés à part, pour leur valeur marchande, n'entrent pas en ligne de compte pour le calcul de la taxe instituée par l'article 73 de la loi du 25 juin 1920).

En bouteille	5

(Pour le calcul de la taxe instituée par l'article 73 de la loi du 25 juin 1920, il sera déduit une somme de 1 fr. par bouteille, afin de tenir compte de la valeur du verre, de l'habillage et des emballages.)

Voitures à chevaux pour le service particulier	3.000
Volières et cages	15

TABLEAU C

Objets de luxe exclus de l'exonération prévue à l'article 72 de la loi du 25 juin 1920.

Ouvrages de modes.
Robes et manteaux.
Dentelles et plumes.

III

**Décret du 29 juin relatif aux conditions de fonctionnement des Commissions
chargées du classement
des établissements visés à l'article 64 de la loi du 25 juin 1920.**

I. — Commission du Département.

Article premier. — La commission de département, dont la composition est déterminée par le deuxième alinéa de l'article 64 de la loi du 25 juin 1920, a son siège à la direction départementale des contributions indirectes ou, en cas d'impossibilité, dans un local désigné par le préfet.

Art. 2. — A la demande du ministre du commerce, la ou les chambres de commerce désignent, dans chaque département, quatre représentants des commerces intéressés, dont deux font partie de la commission en qualité de membres titulaires et deux en qualité de membres suppléants.

Ces désignations seront faites dans les conditions déterminées d'un commun accord par les présidents des dites chambres de commerce, sur l'initiative du président de la chambre siégeant au chef-lieu du département ou, à défaut, du président de la chambre siégeant dans la ville la plus peuplée.

A la demande du ministre des travaux publics, la ou les grandes associations de tourisme, le ou les syndicats d'initiative désignent, dans chaque département, deux autres délégués dont l'un fait partie de la commission en qualité de membre titulaire et l'autre en qualité de membre suppléant.

Ces désignations seront faites d'un commun accord par les présidents des associations ou des syndicats sur l'initiative du président de l'association ou du syndicat comptant le plus grand nombre d'adhérents.

Au cas où, dans un délai de quinze jours à dater de la demande du ministre compétent, les délégués n'auraient pas été ainsi désignés, ce ministre fait lui-même la désignation, avis pris du préfet, s'il le juge utile.

Art 3. — Les membres suppléants sont appelés successivement, dans l'ordre de leur désignation, à remplacer les membres titulaires démissionnaires, décédés ou empêchés.

Chaque fois qu'une vacance se produit parmi les membres suppléants désignés, soit par la ou les chambres de commerce ou le ministre du commerce, soit par la ou les associations de tourisme ou syndicats, ou le ministre des travaux publics, il y est pourvu dans la même forme.

Les listes primitives et complémentaires des membres titulaires et suppléants des commissions départementales sont publiées par arrêté du ministre des finances.

Art. 4. — Les membres de la commission se réunissent sur la convocation de son président.

Un agent de l'administration des contributions indirectes est désigné par le directeur départemental de cette administration pour remplir les fonctions de secrétaire et conserver les archives.

Le siège du secrétariat est à la direction départementale de cette administration.

Le secrétaire a voix consultative. Il dresse procès-verbal de chaque séance. Il tient un registre des décisions et appels.

Le président de la commission désigne un rapporteur pour chaque affaire.

La commission entend, s'il y a lieu, dans leurs explications, les chefs des maisons ou établissements intéressés. Ses décisions sont prises à la pluralité de voix. En cas de partage égal, la voix du président est prépondérante.

La présence de quatre membres au moins est nécessaire à la validité des décisions.

Les décisions mentionnent les noms des membres ayant délibéré ; elles contiennent les nom, prénoms et qualité des parties, leurs conclusions et le visa des pièces principales; elles sont signées par le président, le rapporteur et le secrétaire .

Art. 5. — Une ampliation de chaque décision, signée par le secrétaire, est notifiée par lettre recommandée, avec accusé de réception, au chef de la maison ou établissement classé.

Les frais de notification sont à la charge de l'administrateur des contributions indirectes.

Avis des décisions est également donné au directeur départemental des contributions indirectes avec l'indication, pour chaque maison ou établissement classé, de la date de la notification au chef de cette maison ou établissement classé.

Mention sommaire de ces formalités est faite par le secrétaire en marge de chaque décision.

Art. 6. — L'appel prévu par le quatrième alinéa de l'article 64 de la loi du 25 juin 1920 est formé, soit par déclaration au secrétariat de la commission du département, soit par lettre recommandée adressée à ce secrétariat.

Dans l'un et l'autre cas, mention de l'appel est faite par le secrétaire en marge de la décision.

Dans le mois de la déclaration d'appel, l'appelant dépose ou adresse au secrétariat un mémoire sur papier timbré, avec toutes pièces à l'appui, contenant l'indication de ses nom, prénoms et domicile, l'exposé de ses moyens et ses conclusions.

Il est donné récépissé du dossier, qui est transmis sans délai à la commission supérieure.

Lorsque l'appel émane du directeur départemental des contributions indirectes, la partie intéressée est admise, pendant trente jours, sur avis, par lettre recommandée du secrétaire de la commission du département, à prendre sur place communication du dossier et à formuler par écrit ses observations. Passé ce délai, le dossier est transmis à la commission supérieure.

II. —Commission supérieure.

La commission supérieure, dont la composition est déterminée par le quatrième alinéa de l'article 64 de la loi du 25 juin 1920, a son siège à Paris, à la Direction générale des contributions indirectes (ministère des finances).

A la demande du ministre du commerce, les chambres syndicales des commerces intéressés désignent quatre représentants dont deux font partie de la commission en qualité de membres titulaires et deux en qualité de membres suppléants.

D'autre part, la réunion des présidents des chambres de commerce désigne, également sur la demande du ministre du commerce, six délégués dont trois à titre de membres titulaires et trois à titre de membres suppléants.

Au cas où, dans un délai de quinze jours à dater de la demande du ministre, les délégués n'auraient pas été désignés, celui-ci fait lui-même cette désignation.

Les membres suppléants sont appelés successivement, dans l'ordre de leur désignation, à remplacer les membres titulaires démissionnaires, décédés ou empêchés.

Chaque fois que deux vacances se produisent parmi les membres suppléants désignés, soit par les chambres syndicales des commerces intéressés, soit par la réunion des présidents des chambres de commerce, soit par le ministre du commerce, il y est pourvu dans la même forme.

Les listes primitives et complémentaires des membres titulaires et suppléants de la commission supérieure sont publiées par décret.

Art. 8. — La commission supérieure se réunit sur la convocation de son président.

Deux fonctionnaires de la direction générale des contributions indirectes sont désignés par un arrêté du minitsre des finances pour remplir les fonctions de secrétaire et de secrétaire suppléant auprès de la commission supérieure et conserver les archives.

Le secrétaire ou, en son absence, le secrétaire suppléant, a voix consultative; il enregistre les affaires soumises à la commission supérieure et tient le registre des décisions.

Art. 9. — Le président de la commission supérieure désigne un rapporteur pour chaque affaire.

La commission fait procéder à tout supplément d'instruction qu'elle juge nécessaire. Ses décisions sont prises à la pluralité des voix. En cas de partage égal, la voix du président est prépondérante.

La présence de cinq membres au moins est nécessaire à la validité des décisions.

Les décisions mentionnent les noms des membres ayant délibéré ; elles contiennent les nom, prénoms et qualité des parties, leurs conclusions et le visa des pièces principales ; elles doivent être motivées ; elles sont signées par le président, le rapporteur et le secrétaire.

Art. 10. — Les décisions de la commission supérieure sont notifiées aux intéressés par lettre recommandée, avec accusé de réception.

Les frais de notification sont à la charge de l'administration des contributions indirectes.

Avis des décisions est également donné à la commission de département et au directeur départemental des contributions indirectes.

III. — Revision.

Art. 11. — La commission de département peut, après une année révolue, reviser à la demande, soit de la partie intéressée, soit du directeur départemental des contributions indirectes, toutes décisions dont il n'a pas été interjeté appel, et ainsi d'année en année.

Pareille demande en revision peut être formée devant la commission supérieure, dans les mêmes délais, pour toute affaire ayant donné lieu à une décision définitive sur appel.

Les demandes en revision sont introduites, instruites et jugées dans les formes prévues aux article 4, 5, 6, 9 et 10 ci-dessus.

Il est fait mention des décisions sur revision en marge des décisions primitives.

IV

Arrêté du 1ᵉʳ juillet 1920 relatif au payement de taxe sur le chiffre d'affaires ou sur les objets de luxe applicable aux marchandises importées et à la franchise de l'impôt sur les marchandises exportées.

TITRE PREMIER

Marchandises, denrées, fournitures et objets quelconques importés de l'étranger, de l'Algérie, des colonies et possessions françaises des pays de protectorat et du bassin de la Sarre.

SECTION I

Taxe de 1.10 p. 100.

Article premier. — La taxe de 1 p. 100 augmentée d'un décime au profit des départements et des communes, qui est due en vertu de l'article 72 de la loi du 25 juin 1920 sur la valeur des marchandises, denrées, fournitures et objets importés, est perçue par le service des douanes, quel que soit l'importateur, lorsque lesdites marchandises, denrées, fournitures ou objets sont déclarés pour la consommation. Dans ce cas, elle est exigible sur les marchandises, denrées, fournitures ou objets autres que les articles de luxe, quel que soit l'importateur, et sur les articles de luxe lorsque le payement de la taxe de 10 p. 100 est différé conformément aux dispositions de l'article 9.

Art. 2. — Les envois doivent être accompagnés d'une facture (original ou copie) datée et signée par le signataire du permis de consommation énonçant le nom, l'adresse et la qualité du destinataire, ainsi que le détail des objets et leur prix. Le montant de chaque facture doit être établi suivant les prescriptions de l'article 4 ci-après.

La facture doit être produite à l'appui de la déclaration de consommation dont elle prend le numéro d'inscription.

Art. 3. — La liquidation est établie sur la déclaration de douane ou sur la facture et la perception s'effectue au moment du dédouanement pour la consommation, soit à l'arrivée directe du dehors, soit à la sortie d'entrepôt ou de dépôt ou en suite de toute autre opération suspensive des droits de douane. La taxe est acquittée (pour le compte du destinataire) par le déclarant, ou par la personne qui présente la déclaration. Le payement donne lieu à délivrance de quittances extraites d'un registre à souche et passibles du timbre ordinaire. La facture reste annexée à la déclaration de consommation ou classée comme liquidation.

Art. 4. — La valeur à considérer pour l'application de la taxe est celle du marché intérieur, c'est-à-dire le prix cumulé de la valeur d'achat à l'extérieur, des frais de transport, assurance, droits de sortie et autres jusqu'à l'arrivée en France, et, s'il y a lieu, des droits d'entrée et des taxes intérieures de consommation, circulation, etc.

Lorsque les factures ou les déclarations ne font pas état de tous les éléments qui doivent contribuer à former la valeur imposable, il y a lieu de les faire compléter par les intéressés ; le cas échéant, les droits de douane et les taxes intérieures sont ajoutés dès que le montant en a été calculé ou liquidé.

Les contestations relatives à l'estimation des prix qui doivent constituer la base des perceptions sont déférées à l'expertise légale suivant la procédure fixée pour les litiges douaniers. La taxation est, dans ce cas, basée sur les prix arbitrés par les experts, sans préjudice des suites contentieuses à donner aux infractions.

SECTION II

Taxe de 10 p. 100.

Art. 5. — La taxe de 10 p. 100, non passible de décimes, établie par l'article 72 de la loi du 26 juin 1920 sur la valeur des marchandises, denrées, fournitures ou objets importés appartenant aux catégories classées comme articles ou produits de luxe, est perçue par la douane lorsque lesdits articles ou produits sont destinés aux consommateurs, c'est-à-dire lorsque ces articles ou produits ne sont pas destinés à des commerçants, pour être revendus après ou sans transformation.

Art. 6. — Les envois ayant pour destinataires des personnes rentrant dans la définition du paragraphe 1er de l'article 5 ci-dessus, doivent être appuyés d'une facture (original ou copie) datée et signée comme il est dit à l'article 2 et énonçant les noms, adresse et qualité du destinataire, ainsi que le détail des objets et leur prix. Les prix partiels et totaux des factures doivent être établis suivant les prescriptions de l'aricle 8 ci-après.

Les factures sont produites à la douane à l'appui de la déclaration de consommation dont elles prennent le numéro d'inscription sur le registre des déclarations.

Art. 7. — La taxe de 10 p. 100 est perçue au moment du dédouanement pour la consommation, soit à l'arrivée directe du dehors, soit à la sortie d'entrepôt ou de dépôt ou bien en suite de transit, d'admission temporaire, de transbordement ou de mutation d'entrepôt. La liquidation est établie sur la déclaration de consommation ou sur la facture. La taxe est acquittée pour le compte du destinataire par le déclarant. Le payement donne lieu à la délivrance de quittances extraites d'un registre à souche et passibles du timbre ordinaire. La facture reste annexée à la déclaration de consommation ou classée comme liquidation.

Art. 8. — La valeur à considérer, tant pour la liquidation de la taxe que pour l'estimation par unité, paire, douzaine, achat, etc. des articles ou produits classés comme étant de luxe, est celle du marché intérieur suivant la règle posée par l'article 4 ci-dessus.

Lorsque les factures, les déclarations ou expéditions ne relatent pas tous les éléments qui doivent constituer la valeur imposable, il y a lieu de les faire compléter par les déclarants. Les droits de douane et les taxes intérieures sont ajoutés au décompte, s'il y a lieu, lorsque le montant en a été calculé ou liquidé.

Les contestations relatives tant à la classification des articles ou produits qu'à l'estimation de leur prix, sont déférées à l'expertise légale selon les modalités déterminées pour les litiges sur l'application du tarif des douanes. La taxation est opérée d'après les prix et spécifications arbitrés par les experts, sous réserve toutefois de la poursuite des infractions s'il y a lieu.

Art. 9. — Pour être exonérés de la taxe de 10 p. 100, au titre de commerçants, conformément à l'article 3 précité, et n'acquitter que la taxe de 1.10 p. 100, les importateurs doivent remettre ou faire remettre au bureau des douanes, par le déclarant, une attestation écrite en double expédition, faisant connaître leurs nom, prénoms et adresse, revêtue de leur signature et affirmant sous leur responsabilité :

1° Qu'ils sont soumis à l'impôt annuel établi par les articles 2 à 12 de la loi du 31 juillet 1917 ou qu'ils se trouvent dans l'un des cas d'exonération prévus à l'article 13 de ladite loi ;

2° Qu'ils achètent pour leur propre compte;

3° Que la marchandise est destinée à être revendue, après ou sans transformation ;

4° Qu'ils s'engagent à inscrire leur achat sur un registre spécial et à annexer à ce registre un double de la facture prévue à l'article 6 ci-dessus.

L'une des expéditions de l'attestation est annexée à la déclaration ou classée dans une liasse spéciale si elle ne peut être jointe à la déclaration ; la seconde expédition est destinée à l'administration de l enregistrement.

Le service s'assure par tous les moyens dont il dispose de la véracité des attestations qui lui sont remises, en vertu du paragraphe précédent. Il doit notamment rapprocher leurs indications, quant au nom et à la résidence des destinataires, des énonciations correspondantes consignées sur les déclarations de douane.

SECTION III

Taxes de 25 et de 15 p. 100.

Art. 10. — Les taxes de 25 et de 15 p. 100 sont perçues sur toutes les importations de spiritueux, vins de liqueur et vins fins autres que celles faites à destination des marchands en gros, l'importateur n'ayant à payer, dans ce dernier cas, que la taxe de 1.10 p. 100, laquelle est perçue par la régie.

La perception des taxes de 25 et de 15 p. 100 est opérée à la recette buraliste des contributions indirectes en même temps que celle du droit de consommation ou de circulation, lors de la déclaration effectuée par l'importateur pour la délivrance du titre de mouvement. Cette déclaration, faite par écrit, doit mentionner la valeur de la marchandise **sur** le marché intérieur, et la taxe est perçue d'après cette valeur, droit de douane et de consommation) ou de circulation) compris.

Toutefois, à défaut d'un service de régie, les taxes de 25 et de 15 p. 100 sont perçues par la douane en ce qui concerne les petites quantités importées par les voyageurs non commerçants arrivant de l'étranger, de l'Algérie, des colonies ou possessions françaises et du bassin de la Sarre.

Cette perception est effectuée d'office pour le compte de l'administration des contributions indirectes et donne lieu à délivrance d'une quittance extraite d'un registre à souche, passible du timbre ordinaire.

DISPOSITIONS COMMUNES AUX SECTIONS I, II ET III

Art. 11. — Les envois par la poste en plis clos ou non clos et en boîtes de valeurs déclarées donnent lieu à la perception de la taxe de 1.10 p. 100 ou de 10 p. 100 dans les conditions déterminées par les articles précédents à l'égard des autres opérations.

Il en est de même des articles apportés par les voyageurs et qui ne sont pas reconnus avoir le caractère d'objets personnels en cours d'usage, pour lesquels le tarif des douanes prévoit la franchise des droits d'importation et des taxes intérieures. En cas de perception de l'une ou de l'autre taxe (qu'il y ait ou non production de facture), il est délivré une quittance extraite d'un registre à souche et passible du timbre ordinaire.

Art. 12. — Les perceptions à effectuer au titre des taxes de 1.10 p. 100 et de 10, 15 et de 25 p. 100 doivent suivre les sommes de 1 fr. en 1 fr. inclusivement, toute fraction de franc étant comptée pour 1 fr., en ce qui concerne la valeur sur laquelle est assise la perception. Les valeurs inférieures à 1 fr. ne donnent pas lieu à perception.

Art. 13. — Les taxes de 1.10 p. 100 et de 10 p. 100 sont exigibles au comptant et avant mainlevée des marchandises. Toutefois, les déclarants peuvent bénéficier du crédit de droits et du crédit d'enlèvement dans les mêmes conditions que pour les droits de douane.

Art. 14. — Les marchandises, denrées, fournitures ou objets déclarés pour l'entrepôt, l'admission temporaire, le transit, le transbordement, ou constitués en dépôt ne donnent pas lieu à perception. Il n'y a, d'ailleurs, aucun engagement spécial à faire prendre par les intéressés en vue du recouvrement ultérieur de l'une ou l'autre taxe.

Art 15. — Sont affranchis de la taxe de 1.10 p. 100 ou de 10 p. 100 les opérations visées à l'article 60 de la loi (importation de pain et de spécialités pharmaceutiques soumises à l'impôt de 10 p. 100 établi par la loi du 30 décembre 1916).

TITRE II

Marchandies, denrées, fournitures ou objets exportés à destination de l'étranger, de l'Algérie, des colonies et possessions françaises, des pays de protectorat et du bassin de la Sarre.

Art. 16. — Le vendeur peut être dispensé d'acquitter l'impôt sur les marchandises, denrées, fournitures ou objets qu'il expédie hors de France, à charge par lui de remplir les formalités suivantes :

Les expéditions sont inscrites par le vendeur sur un carnet à souche et à volants qui lui est fourni, contre remboursement du prix, par l'administration à laquelle le vendeur verse habituellement l'impôt. Les indications à consigner à la fois sur la souche et le volant sont : le numéro d'inscription, le nombre et l'espèce des colis, l'espèce et la qualité de la marchandise, le poids, la valeur (en toutes lettres) et la destination. Le volant est détaché du carnet et suit la marchandise pour être remis à la douane du bureau de sortie après avoir été daté et signé pour valoir déclaration par la personne chargée de déclarer ou de présenter la marchandise pour l'exportation. Le cas échéant, les déclarations de douane doivent faire mention de ces volants. Après identification et constatation de l'embarquement ou de la sortie, la douane annote le volant, en indiquant en toutes lettres la valeur reconnue ou admise, et le restitue au déclarant qui le renvoie à l'expéditeur pour être rattaché à la souche comme justification de l'exportation.

La dispense de l'impôt n'est acquise au vendeur que si le volant est rattaché à la souche. Aucun passavant d'exportation ne peut être délivré plus de quatre mois après la vente.

Ces dispositions sont applicables aux taxes de 1.10 et de 10 p. 100 sous réserve des exceptions prévues à l'article 64 de la loi du 25 juin 1920 et au tableau C annexé au décret du 26 juin 1920.

DECRET
du 24 Juillet 1920

Règlement d'Administration Publique

pour l'application des articles 61, 62, 67 et 70 de la loi du 25 juin 1920, relatifs à l'impôt sur le chiffre d'affaires.

CHAPITRE PREMIER
De la déclaration à souscrire par certains redevables.

Art 1er. — La déclaration à laquelle est assujettie toute personne redevable de l'impôt sur le chiffre d'affaires en vertu de l'article 59 de la loi du 25 juin 1920 et qui n'est pas inscrite au rôle de l'impôt sur les bénéfices industriels et commerciaux doit être souscrite, savoir :

1° Au bureau du receveur des contributios indirectes dans le ressort duquel est exercée la profession ou le commerce :

a) Pour les personnes ou sociétés exerçant à titre principal, dans une commune quelconque, une profession ou un commerce les rendant rede-

·vables de droits ou taxes perçus par l'administration des contributions indirectes;

b) Pour les personnes, à l'exclusion des sociétés par actions autres que celles visées à l'alinéa qui précède, exerçant leur profession ou leur commerce dans une commune dont la population, d'après le dernier recencement, ne dépasse pas 5.000 habitants;

2° Au bureau du receveur des douanes dans le ressort duquel ils exercent leur profession ou leur commerce, pour les transitaires ou commissionnaires en douane;

3° Au bureau du receveur de l'enregistrement dans le ressort duquel elles exercent leur profession ou leur commerce, pour toutes les personnes autres que celles visées sous les n°ˢ 1 et 2 ci-dessus.

Art. 2. — Lorsque le redevable possède, en même temps que son établissement principal, une ou plusieurs succursales ou agences, il doit souscrire, pour chacune d'elles, une déclaration spéciale au bureau de l'administration qui a qualité pour recevoir la déclaration relative à l'établissement principal; cette déclaration est souscrite au bureau dans le ressort duquel se trouve ladite succursale ou agence.

Art. 3. — La déclaration prévue aux deux articles qui précèdent sera souscrite, savoir :

1° Pour les personnes soumises à l'impôt sur le chiffre d'affaires, à partir du 1ᵉʳ juillet 1920, dans le mois à compter de cette date;

2° Pour les personnes qui deviendront passibles de l'impôt sur le chiffre d'affaires postérieurement au 1ᵉʳ juillet 192u, dans les quinze jours au plsu tard à partir de celui auquel le redevable aura commencé à exercer sa profession ou son commerce. Si la déclaration est relative à une succursale ou agence, elle est faite dans les quinze jours à partir de celui auquel cette agence ou succursale a commencé à fonctionner.

Art. 4. — Chaque déclaration contient :

1° Les nom, prénoms et domicile du redevable;

2° La désignation précise de la nature et du siège de l'établissement;

3° La dénomination, s'il y a lieu, de la maison de commerce;

4° S'il s'agit d'une personne devenue redevable de l'impôt sur le chiffre d'affaires postérieurement au 1ᵉʳ juillet 1920, la date à laquelle ce redevable a commencé ou a ouvert la succursale ou agence.

Cette déclaration est certifiée, datée et signée par le redevable ou son mandataire, suivant pouvoir régulier, qui reste annexé à la déclaration.

CHAPITRE II
Contrôle des agents de l'administration.

Art. 5. — Le droit de demander les justifications nécessaires à la fixation du chiffre d'affaires prévu par l'article 67 de la loi du 25 juin 1920 est exercé, savoir :

1° Par les agents de l'administration des contributions indirectes vis-à-vis des redevables, inscrits ou non au rôle de la contribution sur les bénéfices industriels et commerciaux, qui sont désignés sous le n° 1 de l'article 1ᵉʳ du présent décret ;

2° Par les agents de l'administration des douanes vis-à-vis des redevables, inscrits ou non au rôle de la contribution sur les bééfices industriels et commerciaux, qui sont désignés sous le n° 2 de l'article 1ᵉʳ du présent décret ;

3° Par les agents de l'administration de l'enregistrement vis-à-vis des redevables, inscrits ou non au rôle de la contribution sur les bénéfices industriels et commerciaux, qui sont désignés sous le n° 3 de l'article 1ᵉʳ du préent décret.

Art. 6. — Le même droit de demander des justifications sera exercé par les agents de l'administration des contributions directes, conformément au même article 67, vis-à-vis de tous les redevables, quelle que soit la catégorie à laquelle ils appartiennent, passibles de la contribution sur les bénéfices industriels et commerciaux, instituée par le titre 1er de la loi du 31 juillet 1917, ainsi que vis-à-vis des exploitants d'entreprises passibles de la redevance proportionnelle prévue par l'article 33 de la loi du 21 avril 1810.

Ar. 7. — Lorsqu'une personne soumise à l'impôt sur le chiffre d'affaires possède plusieurs établissements, agences ou succursales le droit de contrôle est exercé dans les divers établissements, agences ou succursales par les agents de l'administration qui a qualité pour exercer ce droit au siège du principal établissement.

Art. 8. — Lorsque les nécessités du service l'exigent, des arrêtés ministériels, pris pour une commune déterminée, peuvent exceptionnellement modifier la répartition du contrôle et de la perception de l'impôt entre les trois administrations des contributions indirectes, de l'enregistrement et des douanes. Ces arrêtés doivent s'appliquer à tous les redevables exerçant une même profession ou un même commerce.

CHAPITRE III

Payement de l'impôt.

Art. 9. — Toute personne soumise à l'impôt sur le chiffre d'affaires en vertu de l'article 59 de la loi du 25 juin 1920 établit, à la fin de chaque mois, d'après sa comptabilité, si cette comptabilité permet de déterminer son chiffre d'affaires, soit d'après le livre dont la tenue est prescrite par l'article 66 de la loi du 25 juin 1920, un relevé du montant total des affaires auxquelles chacune des taxes de 1, de 3 ou de 10 p. 100 doit être appliquée dans le mois.

En vue de l'établissement du relevé, chaque affaire doit être inscrite, soit dans la comptabilité du redevable, soit sur le livre ci-dessus visé, à la date du payement, à moins d'autorisation donnée par l'administration d'inscrire certaine catégorie d'affaires à une date antérieure à raison des convenances commerciales.

Ce relevé indique :

1° Le nom du bureau auquel le relevé est adressé;

2° Le mois qu'il concerne;

3° Le nom et le domicile du redevable, la désignation et le siège de l'établissement et, le cas échéant, la désignation et le siège des agences ou succursales;

4° La nature de l'industrie, du commerce ou des affaires donnant ouverture à l'impôt;

5° La catégorie de classement de l'établissement, s'il y a lieu;

6° Le montant total des affaires effectuées durant le mois en distinguant :

a) Les affaires passibles de la taxe de 1 p. 100 ;

b) Les affaires passibles de la taxe de 3 p. 100 ;

c) Les affaires passibles de la taxe de 10 p. 100.

Si le redevable est passible de l'impôt à raison d'opérations rentrant dans les deux catégories prévues sous les numéros 1 et 2 de l'article 62 de la loi du 25 juin 1920, le relevé indique distinctement le montant des opérations rentrant dans chacune de ces deux catégories.

Le relevé est certifié, daté et signé par le redevable ou son mandataire dûment autorisé.

Art. 10. — Chaque redevable adresse ou remet, chaque mois, le relevé ci-dessus mentionné du chiffre des affaires qu'il a effectuées durant le mois précédant au bureau du receveur de l'administration qui a qualité pour exercer vis-à-vis de lui le droit de contrôle.

Toutefois, si le payement est effectué par traite, le relevé est adressé ou remis à l'agent de ladite administration, qui sera désigné par arrêté ministériel pour émettre la traite.

Si, au cours d'un mois, il n'a été effectué aucune opération donnant ouverture à l'impôt, le redevable adresse ou remet à l'agent compétent un certificat négatif également daté et signé.

Art. 11. — Des arrêtés ministériels peuvent exceptionnellement déroger à l'obligation de remettre mensuellement le relevé du chiffre d'affaires pour les commerces ou industries qui comportent une comptabilité arrêtée par période spéciale.

Ces arrêtés déterminent les dates auxquelles les redevables exerçant ces commerces ou industries devront remettre le relevé de leurs chiffres d'affaires.

Art. 12. — Si le redevable possède, indépendamment d'un établissement principal, une ou plusieurs agences ou succursales, chacune de ces agences ou succursales doit produire un relevé des affaires qu'elle a effectuées.

Art. 13. — Le directeur départemental de l'administration qui a qualité pour recevoir le relevé du chiffre d'affaires, répartit les redevables en catégories et fixe, pour chaque catégorie, la période du mois durant laquelle ceux-ci doivent remettre ou envoyer le relevé des affaires qu'ils ont effectuées.

Art. 14. — Le relevé est remsi soit directement à l'agent de l'administration compétente, soit à un bureau de poste par lettre affranchie adressée à cet agent.

Art. 15. — Le payement de la totalité de l'impôt exigible sur les affaires effectuées par un redevable d'après le relevé déposé par lui est fait au moment de la remise ou de l'envoi du relevé, sous réserve pour le redevable d'user de la faculté prévue au dernier alinéa du présent article.

Le redevable peut se libérer soit en numéraire, soit au moyen d'un chèque postal, d'un mandat-poste ou mandat-carte émis au profit du receveur de l'administration compétente et à lui adressé dans les conditions prévues à l'article 14 du présent décret, soit par virement à son compte de chèques postaux.

Si le versement à effectuer excède 100 fr., le redevable peut également remettre en payement, dans les mêmes conditions et délai, un chèque barré émis à l'ordre du receveur de l'administration compétent et portant « Banque de France » entre les deux barres.

Enfin, les redevables exerçant une profession ou un commerce dans une place bancable peuvent être autorisés par le directeur de l'administration compétente à acquitter le montant de l'impôt sur présentation d'une traite émise par l'agent de ladite administration désigné à cet effet. Dans ce cas, l'impôt est augmenté des frais de traite ainsi que des frais de recouvrement dont le montant est fixé par arrêté ministériel.

Art. 16. — Les affaires qui, au cours d'un même mois, sont résiliées ou annulées, sont portées pour mémoire au relevé prescrit par l'article 9 du présent décret.

Lorsqu'une affaire à raison de laquelle l'impôt a été acquitté est ultérieurement résiliée ou annulée, l'intéressé, pour obtenir l'imputation de l'impôt prévue par le dernier alinéa de l'article 62 de la loi du 25 juin 1920, joint à l'un des plus prochains relevés mensuels à produire après la date de la résiliation ou de l'annulation, un état spécial indiquant :

1° La nature de l'opération initiale ainsi que le nom et l'adresse de la personne avec laquelle l'affaire a été conclue;

2° La date de cette opération ;

3° La page du livre spécial prescrit par l'article 66 de la loi du 25 juin 1920 sur laquelle elle a été inscrite ou du registre de comptabilité tenant lieu du livre spécial ;

4° Le montant de la somme remboursée ou impayée.

Le montant de la somme à déduire à la suite des rectifications effectuées, comme il est dit ci-dessus, est imputé sur les sommes portées sur les premiers relevés produits après le dépôt de la réclamation.

Des arrêtés ministériels détermineront par dérogation aux dispositions qui précèdent les formes à suivre lorsqu'il y aura restitution d'emballage ou de récipients.

Art. 17. — La restitution de l'impôt, quand elle ne peut être effectuée par voie d'imputation, conformément aux disposiions de l'article qui précède, ne peut avoir lieu que sur demande spéciale, dûment établie sur papier timbré et appuyée de toutes les justifications indiquées ci-dessus.

Art. 18. — En aucun cas, l'imputation ou la restitution ne peut être demandée après un délai de deux ans, à partir de la perception.

CHAPITRE IV.

Forfait.

Art. 19. — Les redevables dont le chiffre d'affaires mensuel n'a pas excédé en moyenne, pendant l'année précédente, 4.000 francs, s'il s'agit de redevables dont le commerce principal est de vendre des marchandises, denrées, fournitures ou objets à emporter ou à consommer sur place et de fournir le logement, ou 1.000 francs s'il s'agit d'autres redevables, peuvent être affranchis des obligations édictées par les articles 9 à 14 du présent décret, moyennant le versement d'un forfait annuel déterminé d'après leur chiffre d'affaires de l'année précédente.

La dispense de déposer le relevé est accordée par le directeur départemental sur l'indication du chiffre d'affaires atteint l'année précédente.

Les redevables admis au bénéfice de cette dispense doivent adresser, tous les ans, avant le 31 janvier, à l'agent désigné à l'article 10 du présent décret, un relevé conforme aux prescriptions de l'article 9, mais indiquant simplement le chiffre total des affaires qu'ils ont effectuées l'année précédente.

Dans le mois de la réception de ce relevé, le directeur départemental de l'administration compétente fixe le montant du forfait applicable à l'année courante et notifie sa décision au redevable. A défaut de décision dans ce délai, le forfait reste fixé au même chiffre que pour l'année précédente.

Le forfait est acquitté par fractions égales et trimestrielles aux dates indiquées par l'administration ; le redevable se libère de l'une des manières fixées à l'article 15 du présent décret.

En cas de cessation d'affaires au cours de l'année pour laquelle a été fixé le forfait, le redevable ne doit acquitter que la fraction de ce forfait correspondant aux mois pendant lesquels il a fait des actes le rendant passible de la taxe.

CHAPITRE V

Ventes d'objets de luxe à des commerçants.

Art. 20. — Les affaires consistant dans la vente d'objets de luxe à des commerçants en vue de la revente sont exonérées de la taxe de 10 p. 100 édictée par l'article 63 de la loi du 25 juin 1920, à condition : 1° que le redevable ait ouvert au commerçant acquéreur un compte ou lui ait délivré un carnet d'escompte sur lequel sont portés tous les achats effectués par lui ; 2° qu'il se fasse remettre chaque année par ledit commerçant, avant tout achat, un écrit revêtu de sa signature dans lequel celui-ci indique ses noms, prénoms et adresse et certifie :

a) Qu'il est soumis à l'impôt établi par les articles 2 à 12 de la loi du 31 juillet 1917 sur les bénéfices industriels et commerciaux ou qu'il se trouve dans l'un des cas d'exonération prévus à l'article 13 de ladite loi ;

b) Que tous les achats qui seront portés à son compte ou à son carnet d'escompte seront effectués pour son propre commerce et s'appliqueront à des objets destinés à être revendus par lui, avec ou sans tranformation.

Cette dernière disposition n'est pas applicable aux commissionnaires ou aux courtiers inscrits au rôle de la contribution sur les bénéfices des professions commerciales et industrielles et qui, sous une forme qui sera arrêtée par le ministre des finances, établiront que les marchandises achetées sont destinées à un commerçant.

Le redevable doit, en outre, délivrer, pour chaque achat, une facture contenant une désignation précise des objets achetés ainsi que l'indication de leur prix et de la date à laquelle l'affaire a été portée sur le registre prescrit par l'article 66 de la loi du 25 juin 1920.

Les dispositions du présent article ne sont pas applicables en cas de vente publique.

Art. 21. — L'inscription dans les écritures du redevable des affaires non soumises à l'impôt de 10 p. 100 en vertu de l'article qui précède est émargée de la mention : Vente à un commerçant : Taxe de 1 fr. 10 p. 100.

CHAPITRE VI

Dispositions transitoires.

Art. 22. — Les redevables inscriront sur un état spécial les affaires conclues avant le 1er juillet 1920 et dont le payement serait effectué après cette date.

Les affaires portées sur cet état ne donneront pas lieu au payement de l'impôt, à chargepar les redevables de fournir toutes les justifications réclamées par l'administration. Cette exemption ne s'applique pas aux affaires visées au troisième alinéa de l'article 65 de la loi du 25 juin 1920 et ayant pour objet la livraison au détail ou la consommation des marchandises, denrées, fournitures ou objets classés comme étant de luxe.

Art. 23. — Le ministre des finances est chargé de l'exécution du présent décret, qui sera publié au *Journal officiel* et inséré au *Bulletin des lois.*

Fait à Rambouillet, le 24 juillet 1920.

P. DESCHANEL.

Par le Président de la République :
Le ministre des finances,
F. FRANÇOIS-MARSAL.

Deuxième Partie

COMMENTAIRES

A partir de quelle date l'impôt est-il dû ?

L'impôt est dû dès le premier juillet 1920. Sont donc passibles de la taxe nouvelle toutes les affaires réalisées après le 30 juin 1920. L'impôt ne frappe pas les affaires traitées avant le 1er juillet 1920, et dont le prix a été encaissé postérieurement.

(V. loi du 25 juin 1920, art. 59.)

L'impôt sur le chiffre des affaires remplace la taxe sur les payements qui n'existe plus.

Quelles sont les personnes redevables de l'impôt ?

1° Toutes les personnes qui exercent un commerce ou une industrie, de quelque nature que soit ce commerce ou cette industrie (négociants en gros ou en défail, fabricants, hôteliers, restaurant, cafetiers, débitants, banquiers, agents d'affaires, commissionnaires, façonniers), etc ;

2° Toutes les personnes qui achètent des marchandises en vue de les revendre, ,même à titre occasionnel, et alors même qu'elles ne feraient pas habituellement des actes de commerce.

(V. loi du 25 juin 1920, art 59.)

Les affaires exemptes de la taxe.

L'article 60 de la loi contient une série d'affaires exemptes de la taxe. Ces dérogations portent sur la nature même des affaires qui sont assujetties à un autre impôt analogue, ou qui, étant de consommation courante ne peuvent pas être surchargées (pain, transports, opérations de bourse, assurances).

Les agriculteurs et ceux exerçant une profession libérale ne sont pas redevables de l'impôt.

Date, lieu et mode de payement de l'impôt.

L'impôt ne s'acquittera en aucun cas avec des timbres : il sera versé par le redevable aux caisses de l'Etat. soit par mandat poste, chèque postal, chèque barré, ou traite.

Le premier payement de l'impôt aura lieu en septembre 1920 et comprendra l'impôt dû sur toutes les affaires effectuées depuis le 1er juillet jusqu'au 31 août 1920.

Ensuite, le payement de l'impôt sera effectué tous les mois, sauf les exceptions qui seront admises.

(V. loi du 25 juin 1920, article 65, décret du 24 juillet 1920, art. 14, 15.)

Les personnes redevables de l'impôt sur le chiffre d'affaires sont tenues de remettre chaque mois un relevé indiquant le montant total du chiffre de leurs affaires pendant le mois précédent et distinctement, s'il y a lieu, les fractions de ce chiffre passible de la taxe de 10 % et d'acquitter chaque mois le montant de l'impôt d'après ce relevé. Le décret du 24 juillet 1920, a, dans son article 9, indiqué comment doit être rédigé ce relevé. (V. annexe V.)

(V. loi du 25 juin 1920, art. 67.)

Les affaires résiliées ou annulées ou arrêtées. Restitution de l'impôt.

Les affaires qui, au cours d'un même mois, sont résiliées ou annulées sont portées pour mémoire au relevé.

Lorsqu'une affaire à raison de laquelle l'impôt a été acquitté est ultérieurement résiliée ou annulée, l'intéressé, pour obtenir l'imputation de l'impôt, joint à l'un des plus prochains relevés mensuels à produire après la date de la résiliation ou de l'annulation un état spécial.

La restitution de l'impôt, quand elle ne peut être effectuée par voie d'imputation ne peut avoir lieu que sur demande spéciale, établie sur papier timbré et appuyée de toutes justifications.

Si, au cours d'un mois, il n'a été effectué aucune opération donnant ouverture à l'impôt, le redevable adresse un certificat négatif.

(V. loi du 25 juin 1920, art. 62; décret du 24 juillet 1920, art. 10, 16 et 17.)

Le forfait annuel.

Le forfait annuel prévu par l'article   de la loi du 25 juin 1920, est réservé aux petits commerçants dont le chiffre d'affaires mensuel n'a pas excédé 4.000 francs, s'il s'agit de redevables dont le commerce principal est de vendre des marchandises, denrées, fournitures ou objets à emporter ou à consommer sur place et de fournir le logement, ou 1.000 francs, s'il s'agit d'autres redevables, peuvent être affranchis de déposer chaque mois un relevé, moyennant le versement d'un forfait annuel déterminé d'après leur chiffre d'affaires de l'année précédente. La dispense de déposer le relevé est accordée par le directeur départemental sur l'indication du chiffre d'affaires atteint l'année précédente. Les redevables admis ainsi au bénéfice de cette dispense doivent adresser tous les ans, avant le 31 janvier au bureau du receveur qui a qualité pour exercer sur eux le droit de contrôle, un relevé conforme aux prescriptions que nous avons indiquées plus haut, mais indiquant simplement le chiffre total des affaires qu'ils ont effectuées durant l'année précédente. Dans le mois qui suit la réception de ce relevé, l'agent du fisc compétent fixe le montant du forfait applicable à l'année courante et notifie sa décision au redevable. A défaut de décision dans ce délai, le forfait reste fixé au même chiffre que pour l'année précédente.

Le forfait est acquitté par fractions égales et trimestrielles aux dates indiquées par l'administration. Le redevable a toute liberté pour se libérer par l'une des manières que nous avons indiquées pour le règlement de l'impôt acquitté mensuellement, c'est-à-dire numéraire, chèque postal, mandat-poste, mandat-carte, chèque barré.

En cas de cessation d'affaires au cours de l'année pour laquelle a été fixé le forfait, le redevable ne doit acquitter que la fraction de ce forfait correspondant aux mois pendant lesquels il a fait des actes le rendant passible de la taxe.

Comment est liquidé l'impôt sur le chiffre d'affaires ? Qu'entend-on par affaires réalisées.

L'impôt est liquidé par le montant des affaires réalisées. Qu'est-ce à dire ?

Pour les redevables qui fabriquent ou vendent des marchandises, les affaires réalisées sont constituées par le montant brut des prix des ventes qu'ils effectuent sans aucune déduction quelconque, soit pour la valeur des emballages, soit pour frais d'expédition, impôts ou autres dépenses.

Pour les redevables qui ne fabriquent pas ou ne vendent pas des marchandises, les affaires réalisées sont constituées par le montant brut des rémunérations qu'ils reçoivent des personnes qui s'adressent à eux, quel que soit le nom donné à cette rémunération (commission, courtage, escompte, agio, etc.) et sans aucune déduction quelconque.

Dans tous les cas, un prix de vente ou une rémunération n'est d'ailleurs réalisé et ne devient passible de l'impôt que lorsqu'il a été payé.

Si l'affaire est annulée ultérieurement, l'impôt est remboursé sur justification.

(V. loi du 25 juin 1920, articles 62, 70.)

Taux de l'impôt.

Le taux de l'impôt est de 1.10 % (1 % pour l'Etat et 0,10 % pour les communes et départements) pour toutes les affaires, quelles qu'elles soient.

Ainsi un commerçant fait 50.000 francs d'affaires durant un mois. S'il a vendu des affaires soumises au taux de 1.10, il doit un impôt de 550 fr. Si au contraire il a vendu des marchandises classées comme étant de luxe, et soumises aux taux de 10 %, il doit un impôt de 5.000 francs.

Toutefois, le taux de l'impôt est augmenté pour certaines affaires ayant un caractère de luxe qui seront indiquées plus loin.

(V. loi du 25 juin 1920, art. 63.)

Obligations des redevables à partir du 1ᵉʳ juillet 1920.

A partir du 1ᵉʳ juillet 1920, tout redevable de l'impôt sur le chiffre d'affaires doit :

1° Tenir, s'il ne le fait déjà, un livre aux pages numérotées sur lequel il inscrit toutes les affaires qu'il effectue, c'est-à-dire toutes les sommes qu'il reçoit, soit à titre de prix de ventes de marchandises, soit à titre de rémunération. Pour chaque affaire, le livre doit indiquer :

a) La date ;

b) La désignation sommaire des objets vendus ou des services rendus.

c) Le montant du prix ou de la rémunération ;

d) Le nom et l'adresse de l'acheteur, mais seulement lorsque cet acheteur est un commerçant et que l'affaire consiste en une vente de marchandises pour un prix de plus de 500 francs.

Toutefois, le redevable peut se dispenser d'inscrire séparément les affaires de moins de 100 francs, autres que celles de luxe et les porter en bloc à la fin de chaque journée.

(V. loi du 25 juin 1920, art. 66.)

2° Communiquer aux agents de l'administration, non seulement le livre dont il vient d'être question, mais également tous les documents, factures d'achats, livres en sa possession, nécessaires pour la vérification de son chiffre d'affaires.

(V. loi du 25 juin 1920, art 67; décret du 24 juillet 1920, art. 5 à 8.)

3° Se déclarer ou avant le 1ᵉʳ août 1920, ou dans les 15 jours à partir de celui auquel le redevable a commencé à exercer, soit au receveur de l'enregistrement, soit au receveur des contributions indirectes, soit au receveur des douanes dans le ressort duquel est exercée la profssion ou le commerce, mais seulement s'il n'est pas inscrit au rôle de la contribution sur les bénéfices industriels ou commerciaux.

Une déclaration doit être souscrite pour l'établissement principal et pour chaque agence et succursale.

La déclaration peut être faite par mandataire suivant pouvoir régulier.

(V. loi du 25 juin 1920, article 61; décret du 24 juillet 1920, art, 1, 2, 3 et 4.)

Sanctions des contraventions.

Tout redevable qui contrevient aux prescriptions de la loi est passible d'une amende dont le minimum est de 1.250 francs, mais qui varie suivant l'importance de l'impôt non payé et le retard apporté au payement.

En cas de mauvaise foi, des peines correctionnelles peuvent être prononcées.

Affaires de luxe.

Comme il a été dit ci-dessus, les affaires de luxe sont frappées d'un impôt plus élevé. Il y a, comme avant la loi nouvelle, deux catégories d'affaires de luxe : 1° les affaires consistant dans la vente d'objets de luxe; 2° les dépenses de logement ou de consommation sur place de boissons et denrées alimentaires effectuées dans les établissements classés comme étant de luxe.

(V. loi du 25 juin 1920, art. 63).

Ventes d'objets de luxe.

Les affaires consistant dans la vente au détail ou à la consommation d'objets de luxe sont taxées à 10 % du prix de la vente au lieu de 1,10 %. Elles doivent, comme par le passé, figurer distinctement dans la comptabilité.

Un nouveau décret classe les objets de luxe à partir du 1er juillet 1920. (V. Annexe II).

(V. loi du 25 juin 1920,, art. 57, 58, 71).

Ventes d'objets de luxe à des commerçants.

Les affaires consistant dans la vente d'objets de luxe à des commerçants en vue de la revente sont exonérées de la taxe de 10 % à condition de suivre les prescriptions de l'article 20 du décret du 24 juillet 1920. (V. Annexe V).

Ces dispositions ne sont pas applicables en cas de vente publique.

L'inscription dans les écritures des redevables des affaires non soumises à l'impôt de 10 % suivant les prescriptions que nous venons d'énoncer, doit être suivie de la mention : vente à un commerçant : taxe de 1 fr. 10 %.

Le classement des établissements de luxe.

Le classement des établissements de luxe ou demi-luxe est effectué par une commission départementale. Ce classement doit être effectué le 26 août 1920.

La commission entend, s'il y a lieu, dans leurs explications, les chefs des maisons ou établissements intéressés.

Les décisions des commissions départementales sont notifiées au chef de l'établissement intéressé par lettre recommandée avec accusé de réception.

Dans le délai d'un mois à compter de cette notification, dont les frais sont à la charge de l'administration, appel peut être interjeté, soit par le chef de l'établissement, soit par le directeur des contributions indirectes. Cet appel est porté devant une commission supérieure, siégeant à Paris.

La commission supérieure statue sur mémoire. Ses décisions ne peuvent être attaquées que pour excès de pouvoir ou violation de la loi devant le Conseil d'Etat ; mais l'intéressé et le directeur des contributions indirectes peuvent, après une année révolue, réclamer de la commission un nouvel examen et ainsi d'année en année.

L'appel ne suspend pas l'exécution des décisions des commissions départementales.

L'appel est formé soit par déclaration au secrétariat de la commission du département, qui se trouve à la direction départementale des contributions indirectes, soit par lettre recommandée adressée à ce secrétariat.

Dans le mois de la déclaration d'appel, l'appelant dépose ou adresse au secrétariat un mémoire sur papier timbré, avec toutes pièces à l'appui, contenant l'indication de ses nom, prénoms et domicile, l'exposé de ses moyens et conclusions.

Lorsque l'appel émane du directeur des contributions indirectes, la partie intéressée est admise, pendant 30 jours, sur avis, par lettre recommandée du secrétaire de la commission de département, à prendre sur place communication du dossier et à formuler par écrit ses observations. Passé ce délai, le dossier est transmis à la commission supérieure. Celle-ci peut faire procéder à tout supplément d'instruction qu'elle juge nécessaire.

(V. loi du 25 juin 1920, art. 64 ; décret du 29 juin 1920, art. 4, 5, 6, 9).

La procédure de revision.

La commission de département peut, après une année révolue, reviser, à la demande, soit de la partie intéressée, soit du directeur départemental des contributions indirectes, toute décision dont il n'a pas été interjeté appel, et ainsi d'année en année.

Pareille demande en revision peut être formée devant la commission supérieure, dans les mêmes délais, pour toute affaire ayant donné lieu à une décision définitive.

(V. loi du 25 juin 1920, art. 64 ; décret du 29 juin 1920, art. 11).

Dépenses de logement et de consommation sur place de boissons et denrées alimentaires effectuées dans les établissements de luxe.

Désormais, les établissements de luxe seront divisés en deux catégories : 1° les établissements de première catégorie dont les recettes seront taxées à 10 % ; 2° les établissements de seconde catégorie dont les recettes ne seront taxées qu'à 3 %. Jusqu'à ce que le nouveau classement ait été effectué et notifié aux intéressés, les établissements actuellement classés continueront à acquitter l'impôt de 10 % et les établissements non actuellement classés payeront l'impôt de 1,10 % comme tous les autres redevables.

(V. loi du 25 juin 1920, art. 63, 64).

Quittances délivrées par les redevables.

L'impôt sur le chiffre d'affaires ne dispense pas les redevables de timbrer les quittances qu'ils peuvent délivrer pour le montant du prix de vente ou des rémunérations. Il n'y a plus que trois timbres de quittances, savoir : 0 fr. 25 pour les quittances de sommes ne dépassant pas 100 francs ; 0 fr. 50 pour les sommes comprises entre 100 et 1.000 fr. ; 1 franc pour les sommes dépassant 1.000 francs.

Doit-on faire figurer sur les factures la majoration de 1,10 % ou de 10 % en raison de l'impôt ? Non. Si le vendeur peut faire entrer la taxe dans les éléments qui forment le total du prix de vente, il n'a pas à la porter sur la facture, car le commerçant s'exposerait à payer au fisc un pourcentage calculé sur la facture totale, c'est-à-dire supérieur à la majoration elle-mème.

Le régime des importations et des exportations.

L'arrêté du 1er juillet 1920 (V. Annexe III) est relatif au payement de la taxe sur le chiffre des affaires (1,10 % sur les articles ordinaires et

10 % sur les objets de luxe), applicable aux marchandises importées de l'étranger, de l'Algérie, des colonies et possessions françaises, de pays de protectorat et du bassin de la Sarre, ainsi qu'à la franchise de l'impôt sur les marchandises exportées à destination de l'étranger, de l'Algérie, des colonies ou pays de protectorat et du bassin de la Sarre.

En ce qui concerne les marchandises importées, la taxe est perçue par le service des douanes, lorsque ces marchandises sont déclarées pour la consommation ; les envois doivent être accompagnés d'une facture ; la valeur à considérer est celle du marché intérieur en France.

En ce qui concerne les marchandises exportées, le vendeur peut être dispensé d'acquitter l'impôt sur les marchandises, denrées, fournitures ou objets qu'il expédie hors de France, à charge par lui de remplir les formalités suivantes :

Les expéditions sont inscrites par le vendeur sur un carnet à souche et à volants qui lui est fourni, contre remboursement du prix, par l'administration à laquelle le vendeur verse habituellement l'impôt. Les indications à consigner à la fois sur la souche et le volant sont : le numéro d'inscription, le nombre et l'espèce des colis, l'espèce et la qualité de la marchandise, le poids, la valeur (en toutes lettres) et la destination. Le volant est détaché du carnet et suit la marchandise pour être remis à la douane du bureau de sortie après avoir été daté et signé pour valoir déclaration par la personne chargée de déclarer ou de présenter la marchandise pour l'exportation. Le cas échéant, les déclarations de douane doivent faire mention de ces volants. Après identification et constatation de l'embarquement ou de la sortie, la douane annote le volant, en indiquant en toutes lettres la valeur reconnue ou admise, et le restitue au déclarant qui le renvoie à l'expéditeur pour être rattaché à la souche comme justification de l'exportation.

La dispense de l'impôt n'est acquise au vendeur que si le volant est rattaché à la souche. Aucun passavant d'exportation ne peut être délivré plus de quatre mois après la vente.

Ces dispositions sont applicables aux taxes de 1,10 et de 10 %, sous réserve des exceptions prévues à l'article 64 de la loi du 25 juin 1920 et au tableau C annexé au décret du 26 juin 1920.

(V. loi du 25 juin 1920, art. 72).

Application à l'Alsace-Lorraine.

L'impôt sur le chiffre d'affaires est applicable à l'Alsace-Lorraine, la loi d'Empire du 26 juillet 1918 étant abrogée.

(V. loi du 25 juin 1920, art. 114).

Le régime des eaux-de-vie, liqueurs, apéritifs, vins de liqueur et vins fins.

Les articles 73, 74, 75 et 76 de la loi du 25 juin 1920 ont porté la taxe perçue sur ces boissons à 15 et 25 %. Nous y renvoyons, ainsi qu'à l'arrêté du 1er juillet 1920 relatif aux importations et exportations desdits liquides.